AF231985

DE

L'ÉTABLISSEMENT

A CÔTÉ DE

L'ASSEMBLÉE NATIONALE

D'UNE

CHAMBRE DES COMMUNES

———— ✦ ————

PARIS

IMPRIMERIE ADMINISTRATIVE ET DES CHEMINS DE FER DE PAUL DUPONT
41, RUE JEAN-JACQUES-ROUSSEAU (HÔTEL DES FERMES)

—

1871

TOUT HOMME POLITIQUE

TOUT PENSEUR DE BONNE FOI

Si le principe est vrai, il vous pénétrera !
Développez-le, donnez-lui votre force.

Courage et espoir en Dieu, pour notre Patrie !

« Une nation se doit comparer non à l'homme impuissant à réparer ses membres
« perdus, mais à l'arbre qui tient à la terre et pousse sans cesse de nouvelles
« branches. »

« Le rouage crie, donc il frotte.

« L'enfant pleure, donc il souffre.

« Le Peuple s'agite et se fait tuer ; ne le jugez
« pas sur les chefs qu'il se donne. »

La balance est folle quand son centre de gravité
est placé trop haut.

Qu'est l'État en France ? — Tout.

Qu'est l'Individu ? — Souverain et esclave tour à tour.

Qu'est la Commune ? — Rien.

Que doit-elle être ? — L'égale de l'Individu et sa défense contre l'État.

« **La nécessité d'empêcher le vote des villes d'être noyé dans celui des**
« **campagnes** *est une vérité qui devient de plus en plus évidente en France,*
« *et M. Thiers lui-même a reconnu la nécessité de décentraliser et de*
« *rétablir l'indépendance municipale.* **Il n'y a pas de différence irréductible**
entre les opinions du ministère et de ceux que notre correspondant parisien
« *appelle les « communalistes » pour les distinguer des « communistes »*
« *proprement dits.* **Quel que soit le gouvernement qui s'établira en France,**
« **il devra songer aux moyens de donner satisfaction aux villes, peut-être en**
« **leur accordant une situation analogue à celle de nos bourgs.** *Il s'agirait*
« *seulement de savoir comment cette satisfaction pourrait être donnée,*
« *sans toucher à telle institution qui a été considérée jusqu'à présent en*
« *France comme la pierre angulaire de l'édifice politique, comme par*
« *exemple le suffrage universel.*

« *On ne voit pas trop comment M. Thiers pourra tenter une pareille*
« *innovation avec le concours de l'Assemblée actuelle, et comment il pourra*
« *obtenir une autre Assemblée sous le régime de la loi électorale actuelle*
« *C'est là le problème à résoudre.* »

SOMMAIRE.

I.

Lorsque après de grandes épreuves brusquement survenues et bien supportées, restée calme dans sa grande généralité pendant une longue année d'excitations successives, une population, pleine des plus émouvantes traditions comme la population parisienne, devient enfin la proie, longtemps guettée, d'agitateurs fanatiques et criminels ;

Lorsque les aveugles seuls peuvent prétendre qu'elle n'est soulevée que dans ses couches les moins intéressantes ou les plus infimes ;

Lorsqu'elle fait enfin, pour soutenir l'erreur où on l'entraîne, des efforts pénibles et cruels, il est juste et humain de soupçonner qu'il y a chez elle des souffrances et des besoins que l'homme vraiment politique a le devoir de rechercher.

Le peuple de Paris ne suit aujourd'hui les aventuriers, qui, profitant de l'animation des cœurs produite par le siége, l'entraînent et l'égarent, que parce qu'il ne peut distinguer lui-même ce qu'il doit réaliser ou ajourner de ses désirs confus ; ce n'est pas à lui qu'il faut reprocher cette ignorance, mais aux obstacles sans cesse opposés chez nous depuis soixante et dix ans, sauf de trop courts intervalles, à la diffusion des discussions politiques. Quelle constitution surtout n'a pas cru se protéger par la défense de sonder ses principes ?

De tous côtés aujourd'hui, en gens qu'une longue et triste expérience a enfin instruits, nous commençons à étudier les faits qui s'accomplissent sous nos yeux, quelques heurts qu'ils portent à nos idées habituelles.

C'est un signe d'expérience politique, chèrement acquise, mais c'est un heureux symptôme que nos pouvoirs publics eux-mêmes aient refusé l'urgence de déclarer nuls et non avenus des actes illégitimes sans aucun doute, mais qui s'inscrivaient au grand jour de notre histoire en caractères de sang. Ces pouvoirs n'y eussent pas manqué il y a quelques vingt ans ; qu'aujourd'hui ce serait puéril, quand les prétentions qui nous surprennent, n'épargnent, pour s'affirmer, aucun des procédés, d'avénements que notre pays a dû tant de fois subir, et, pour combler la mesure, inaugurent un second régime de Terreur (ou de peur plutôt), que les plus généreux comme les plus énergiques ont été impuissants à conjurer !

Les idées dont on essaye de couvrir tant de crimes sont les résultantes mal définies d'illusions évanouies, de croyances sincères jusqu'au fanatisme, de dévouements mal récompensés, et aussi d'intérêts froissés, d'égoïsmes en défense, d'interprétations ignorantes; immense commotion générale produite par les plus extraordinaires événements.

Dans la crise nouvelle et terrible que la France subit, alors qu'elle pouvait espérer paix et liberté, souhaitons que les hommes chargés de ses affaires, loin de tout répudier, loin de se fier à la seule force des armes, reconnaissent les vrais besoins et satisfassent les saines aspirations.

Souhaitons surtout qu'il ne soit pas commis de fautes irréparables, attirant pour notre perte finale l'action perturbatrice et désastreuse de l'étranger, après laquelle rien ne serait plus à dire de notre malheureux pays!

Oublions nos tristesses un instant, instant qui sera toujours trop court, et cherchons à comprendre ces mouvements tumultueux.

II.

Nul homme sérieux ne songerait à expliquer la triste guerre civile de ce moment, par une hostilité réelle d'instincts ou d'intérêts qui séparerait Paris et les départements. Il les sait unis ensemble comme le cœur l'est aux membres.

Plus près serait-il de la vérité, s'il en cherchait l'origine dans leur attache trop étroite depuis quatre-vingts ans.

La mauvaise humeur les a saisis dans les désastres communs, et, comme il n'arrive que trop souvent entre alliés malheureux, des récriminations réciproques, plus ou moins fondées, éclatent sur les rôles de chacun, alors même que toutes les conséquences sont acceptées des deux parts.

Quelle est au fond la vraie source de ces récriminations?

N'hésitons pas à la reconnaître dans l'opposition instinctive entre l'intérêt général de la nation qui a toujours commandé en maître, et les intérêts particuliers plaintifs et fatigués des populations diverses qui la composent.

C'est à Paris, naturellement, que la fausse prospérité d'hier, comme les malheurs présents, concourent à faire éclater le plus haut cette opposition trop évidente.

Ces deux intérêts sont loin, dans notre belle France, d'être divergents; ils s'harmoniseront encore infailliblement, mais suivant des lois nouvelles. Une centralisation étroite a pu les réunir sans grand effort et souvent avec gloire, mais ce lien est aujourd'hui affaibli par la tension trop forte qu'il a subie.

Ç'a été une erreur aventureuse des centralisateurs français, un excès fatal de leur victoire définitive, que d'avoir prétendu à toujours retenir en tutelle et assujettir les intérêts des divers groupes doués de vie que le pays renfermait, quand il aurait fallu, non-seulement leur laisser une vie propre, mais encore équilibrer par eux l'intérêt général, et par là assurer à celui-ci, dans leur assentiment toujours libre, une force toujours renouvelée. Non-seulement la guerre qui vient d'ébranler si gra-vement la fortune de la nation, sans qu'à aucun moment celle-ci, séparée de son centre ordinaire, ait pu réagir avec succès, conjurer ou atténuer ses malheurs, mais encore l'instabilité, si surprenante à première vue pour les autres peuples et pour nous-mêmes, de nos arrangements politiques succes-sifs, témoignent trop clairement des graves défauts de notre centralisation sans frein.

Croit-on, vraiment, que les intérêts des groupes secondaires existant au-dessous du groupe national, ne réagissent point sur l'ensemble de la tenue du pays, quoique sans droit reconnu à le faire ?

Croit-on que leurs tendances soient toujours satisfaites par la seule discussion des questions de clocher (comme on les nomme) ? Vaine erreur si on le pense ! .

Est-ce que dans cette terrible guerre, par exemple, ces intérêts ne sont pas intervenus, tantôt pour appuyer et seconder l'intérêt national, tantôt pour lutter contre lui de toute la force de l'instinct de conservation.

Sans doute, au seul nom de la France, obscurs ou éclatants, bien des dévouements sont nés en foule dans une lutte improvisée, alors même que toute l'administration générale allait à la dérive ; mais ces dévouements ont représenté surtout l'effort individuel, dont on attend trop en France, et qu'on a affaibli depuis longtemps en lui enlevant ses proches appuis naturels.

Dans les masses mises en mouvement, dans la variété d'attitudes des différentes provinces, quel-ques hommes qu'ait envoyés chacune à l'appel des dictateurs divers, aveugle qui n'a pas vu, marbre qui n'a pas senti à chaque jour de ces douloureux mois de 1870, la lutte pénible du patriotisme et des regrets particuliers ! Naïf ou inepte qui ne la comprend encore dans les froides réserves des uns contre les autres, dégénérant en conflits impies, alors que le souvenir de tant de mauvaises chances accumulées, glorieusement bravées de part et d'autre pour le devoir commun, devraient tenir encore les cœurs dans une salutaire et réparatrice union !

Que les prétentions, qu'on s'est arrogé le droit d'élever au nom de la cité parisienne, dépassent la limite équitable, nul n'en doute : mais comme il arrive toujours, leur excès semble en raison même de l'excès de sujétion, longtemps supporté. Paris, n'est-il pas le plus frappant exemple des sacri-fices moraux et matériels, imposés en France par l'intérêt général, au prix d'avantages trop souvent illusoires ?

Dans notre pays, surtout depuis 1789, la vie propre des groupes vivants, placés entre l'Individu et l'Etat a été, de parti pris, immolée à l'intérêt de l'Etat.

Ces groupes ont été pourvus de conseils locaux, mais sans réelle autonomie municipale, *sans influence extérieure*, sans même existence assurée.

Quelque considération que tirent du suffrage universel les élus de ces conseils, ils n'agissent que dans des limites fixées si étroitement que la vraie liberté a été étouffée, que l'Etat lui-même en a souffert.

C'est une chimère conduisant à toutes les dictatures, à tous les despotismes, de penser qu'en France le seul grand intérêt national doit tenir les autres intérêts pour sujets. Chacun prétend tour à tour l'interpréter et le défendre seul, et les faits récents, sans remonter plus haut, donnent aux partisans de cette théorie qui a trop prévalu parmi nous, les plus cruelles leçons.

Si la Révolution a sacrifié si complétement aux principes généraux qu'elle avait proclamés, toute liberté provinciale ou communale, c'était peut-être une nécessité de la lutte qu'elle soutenait contre tant d'ennemis divers, mais on ne saurait décider, si elle prépara ainsi la grandeur temporaire de notre pays, ou plus sûrement ses secousses surprenantes, ses chutes profondes depuis quatre-vingts ans.

Il faut se hâter aujourd'hui de desserrer des liens depuis longtemps nuisibles, que le patient pourrait vouloir rejeter trop complétement.

Sur ces groupes divers, vivant volontiers de la même vie, que les malheurs fondent aussitôt devient sensible l'absence d'une solidarité toujours débattue, toujours consentie ; l'antagonisme naît et se développe.

La guerre civile actuelle n'a pas d'autre sens ; les réserves, les fautes, l'intérêt obscur de tous en ont déterminé la triste explosion.

III.

Même après l'apaisement sanglant de révoltes insensées, que d'occasions pour cet antagonisme de subsister et d'apparaître de nouveau !

Il y a des lourdes charges, encourues par la guerre, à répartir pendant de longues années. Il y a les institutions à fixer, l'avenir meilleur à préparer.

Le nom invoqué aujourd'hui de la Commune, peut devenir le cri de ralliement de bien des mouvements populaires ; il faut le leur enlever, s'emparer de ce qui a corps certain dans les aspirations qu'il indique, réaliser ce qu'il peut signaler de progrès désirables et féconds.

Sinon, comme il arrive toujours, la légende en cheminera d'autant plus irrésistiblement que plus de sang aura été répandu contre sa formation. Méconnu aujourd'hui des départements, le principe qu'elle recèle pourra être un jour repris par eux, non moins tristement ! soulever, qui sait ? les campagnes elles-mêmes dans une sécession ou une jacquerie quelconque.

C'est aux hommes de notre Parlement à comprendre, à prévenir de tout leur pouvoir les confuses explosions de semblables revendications. Ils le peuvent, en faisant régner la modération nécessaire dans la lutte et dans la victoire, en faisant suivre aux pouvoirs gouvernants la marche lente, mais sûre d'elle-même, qui refoule les intrigues, les haines, et va droit à la vérité, à l'équilibre.

L'illustre président du Conseil parle de ne s'occuper aujourd'hui que de la santé de notre cher pays ; il a raison, s'il veut seulement écarter du Parlement les vaines discussions théoriques.

Mais il se leurre s'il croit que les partis, et surtout les masses que ces partis représentent, peuvent s'accommoder paisiblement du recul à une échéance indéterminée, d'une question brûlante qui les intéresse et les passionne.

Tout s'arrête quand une question de cette sorte est en suspens, et les ambitieux exploitent cette situation d'attente : ainsi en a-t-il été de l'échéance présidentielle de 1852.

Peu fait encore aux longues agitations politiques légales, dont d'autres États placés dans des conditions diverses nous fournissent des exemples, l'esprit français, plus que tout autre, veut-être fixé promptement, sur ce qu'à tort ou à raison il se prend à croire essentiel.

Ainsi de la question de République ou de Monarchie, question vaine il semble ! mais que Paris s'étonne de ne pas trouver résolue encore dans l'esprit de la nation.

Son impatience est-elle sans excuse ? Siége de tant de révolutions diverses, dont il souffre encore plus que le reste du pays, qu'on lui reproche en bloc, qu'elles soient faites ou non par lui, ou contre lui, ou d'accord avec lui, il a cessé de croire aux garanties que d'autres supposent encore trouver dans les dynasties.

Une divergence d'humeur sur ce sujet, plus apparente que réelle, entre lui et les départements, devient un puissant cri de ralliement dans la guerre civile soulevée : nouvel et grave exemple du danger des situations d'attente apparente.

Mais cherchons, sans nous arrêter aux dires du malade, le vrai mal qui le travaille.

Ne laissons pas s'envenimer et s'étendre, sans le dénoncer au moins, l'antagonisme dont nous avons trouvé la naissance dans deux intérêts faits pour se fortifier librement l'un l'autre, et non pour être rivés si étroitement que tous deux finissent par péricliter et périr.

IV.

La Commune improvisée de Paris réclame en ce moment la souveraineté absolue et prétend que les diverses communes de France, souveraines au même titre, se fédèrent avec elle pour former l'Etat.

C'est là peut-être ce à quoi on donne le nom de République territoriale.

Il est facile de démontrer que ces prétentions sont contraires au génie et aux traditions de notre pays, de notre révolution elle-même.

Que devient la déclaration des droits de l'homme, pacte de 1789, si chaque parcelle du pays, reconnue souveraine, peut s'en affranchir ?

Non, l'œuvre de plusieurs siècles a fortement unifié la France malgré son étendue ; aujourd'hui elle ne tend nullement à se dissoudre : on peut en attester ses récents efforts pour détourner d'elle le sacrifice de provinces dévouées.

Le fédéralisme n'a jamais existé qu'à l'état de doctrine; il fût vaincu avant de naître, par la disparition des anciennes provinces ; les rêveurs seuls peuvent songer à retrouver les frontières effacées de celles-ci.

Mais sans recourir à des traditions qui peuvent se perdre et faire place à de nouveaux besoins, qu'est-ce qu'une souveraineté incapable de se défendre elle-même, ou de se suffire à elle seule ?

Ah !' qu'autrement fort se serait révélé le pouvoir éphémère, né de la faiblesse générale, s'il s'était borné à réclamer pour la Commune parisienne et toutes les Communes françaises non-seulement le droit de s'administrer elles-mêmes, mais celui aussi de jouir dans l'Etat d'une part d'*influence politique*.

Que lui répondre ? s'il eût demandé :

« Pourquoi la Commune ne jouirait-elle pas d'un droit que l'Etat, depuis 1789, a constamment « avec ou sans conditions reconnu à l'Individu ? Ses titres sont plus apparents : Est-ce pour cela « qu'ils ont été plus sévèrement écartés ? »

Notre conscience répondrait et ajouterait : Oui, comme l'Individu, plus que lui peut-être, la Commune existe à la vie politique.

On peut concevoir l'Individu indifférent à la vie politique, on ne peut pas la Commune. Elle en est le premier échelon.

C'est une erreur que de ne pas distinguer à la base de l'Etat ces deux existences distinctes, de ne pas leur accorder une influence et des droits analogues.

Tout groupe naturel d'individus a une vie propre, comme l'Individu. Comme lui, aussitôt constitué, il cherche à se défendre et à se développer. L'Etat existe par l'Individu d'une part, par ses groupes de l'autre, et il tire de ceux-ci une force non moins importante que du premier.

Appelons du nom de Commune le groupe le plus simple qui se puisse concevoir entre l'Individu et l'État. Pourquoi l'État, puisqu'il tire sa force de l'une comme de l'autre, ne met-il que dans le second le fondement de sa souveraineté ? Pourquoi ne l'appuie-t-il pas aussi sur la Commune, par laquelle seule le plus souvent l'Individu existe ?

Cette ommission est une erreur, elle est la cause de toutes les inconséquences dont nous souffrons, la cause aussi de toutes les tyrannies. Par elle, l'Etat n'arrive à exercer que la souveraineté théorique et brutale d'une majorité numérique, inconscient comme elle de l'étendue de ses droits et même des conditions essentielles de sa puissance;

L'État ne tire des consentements individuels qu'une force qu'il est bientôt obligé de faire retomber lourdement en domination sur les individus eux-mêmes.

L'individu n'est souverain, un jour de vote, que pour redevenir esclave le lendemain, sans protection aucune contre le maître qu'il vient de se donner. L'association communale, qui le devrait soutenir, n'existe plus en réalité, depuis longtemps, qu'au service du pouvoir central.

L'erreur apparaît encore non moins pertubatrice dans les rapports réciproques des divers groupes entre eux. L'État règle d'autorité ces rapports; il ne saurait le faire avec équité certaine, parce que tel qu'il est constitué, il ne procède que de l'Individu seul et ne consulte que lui.

C'est une vérité qui se passe de démonstration, que les intérêts et les goûts des populations diverses sont influencés par leur plus ou moins grande agglomération sur un point; en un mot, par leur densité, c'est-à-dire le rapport de leur importance numérique à l'étendue de leur territoire.

Bien différentes sont les situations de quarante mille habitants agglomérés dans un espace étroit et de quarante mille autres répartis sur un territoire double ou triple. Le plus souvent, par exemple, ceux-ci retirent du territoire qu'ils peuplent, non-seulement la satisfaction complète de leurs premiers besoins et l'emploi de toute leur activité, mais, en surcroît et à leur profit naturel, ils fournissent tout l'indispensable aux populations plus concentrées.

Étrange justice, étrange égalité politique, que de soumettre à l'humeur plus satisfaite, plus patiente des seconds, l'humeur nécessairement plus active, plus anxieuse des premiers! Balancez l'une par l'autre, si vous voulez équilibrer l'État mais si c'est par un joug inflexible que vous assujettissez l'une à l'autre, ne vous étonnez pas que ce joug soit secoué, brisé peut-être, lorsque sa pression sera trop vivement sentie.

La Commune parisienne pouvait donc soutenir : 1° que c'était au grand détriment et de l'Individu et de l'État que la Commune en France avait été dépouillée de toute indépendance privée et aussi de *toute influence politique;* 2° qu'elle n'avait pu s'être un jour trouvé dépossédée de ces droits, que par une succession d'usurpations et pour la satisfaction d'intérêts en ce moment-là peut-être urgents et supérieurs, mais, eux-mêmes, compromis à la longue par l'excès de sa sujétion.

Si le sentiment de la véritable liberté nous les fait comprendre, ces principes se dégageront quand même, entre les réprobations soulevées par d'ignares et tyranniques appels au passé et les tendances véritables de tous, tristement exploitées.

<h2 style="text-align:center">V.</h2>

Il n'est pas besoin d'établir que le but de toute constitution politique, ayant la liberté pour principe, est d'enfermer dans une lutte légale et prévue d'avance, les intérêts de premier ordre qui se partagent le Pays.

Si cette condition reste incomplétement remplie, il persistera, latent ou aigu, un état de malaise impossible à maîtriser toujours.

Tant que l'un de ces intérêts, par la partialité des institutions, involontaire ou non, mais réelle, jouira toujours sur l'autre de l'avantage légal, et sera seul juge reconnu des concessions mutuelles nécessaires, la conscience publique oscillera des défaillances aux révoltes, et la carrière restera ouverte à toutes les tentatives de l'ambition individuelle.

Il faut reconnaître les tendances qui existent dans la nation, ouvrir à leurs courants constatés des passages réguliers, aménager leur rencontre partout et à tous les degrés; alors seulement la lutte, quelqu'ardente qu'elle puisse être, restera pacifique; alors enfin, le temps pourra fortifier les institutions dans la conscience de tous, au lieu de les affaiblir, comme il est arrivé jusqu'à ce jour.

Ce n'est pas rêver que d'espérer pour la France cet équilibre, dont d'autres nations nous donnent l'exemple.

Si notre Pays y parvient plus tard, c'est que le premier de tous, il y tend sous la forme démocratique de l'égalité des droits et des devoirs, seule œuvre complète jusqu'ici de la Révolution : tâche difficile et vaste ! on en conviendra; et à considérer les pas déjà faits, l'expérience acquise, on doit reprendre courage et ne pas désespérer du succès.

Les secousses intermittentes dont il se plaint à bon droit, l'apprennent à ne compter enfin que sur lui-même; chacune le pousse vers sa constitution finale; chacune marque ses étapes vers l'établissement incontesté de sa liberté politique. Les souffrances que chaque crise amène peuvent produire le trouble où les brouillons et les perfides s'agitent et émergent un instant; mais le but à atteindre s'éclairera de nouveau pour tous, et le Pays s'en rapprochera davantage, comme il a déjà fait, après l'avoir si longtemps semblé perdre de vue.

Nous avons signalé entre l'intérêt général de la nation et l'intérêt particulier de ses centres divers, une hostilité naissant de leur liaison trop étroite.

C'est qu'en effet, notre organisation politique n'a admis jusqu'à ce jour aucune libre composition, aucune lutte légale de ces deux intérêts, aucun encadrement par un vote libre des deux parts.

C'est à une majorité, de base plus ou moins large, mais toujours formée par le vote individuel seul, que nos institutions successives ont attribué jusqu'ici le droit de définir l'intérêt National ; les pouvoirs divers admis à le déterminer avec elle, se sont démontrés tour à tour sans racines dans le Pays, ou purement artificiels ;

De cet exhaussement du seul principe Individuel, il est résulté que les tendances naturelles à nos grands centres, ont paru, aux yeux abusés de la plupart des politiques, n'être qu'une agitation inférieure, que la force devait contenir si la sollicitude du pouvoir, ne réussissait à l'apaiser;

Regardés comme atteints d'une maladie particulière, ces grands centres n'ont eu, à vrai dire, dans la nation, qu'une influence de fait, obtenue tantôt par la persuasion, tantôt par la violence aux œuvres éphémères.

Leurs aspirations, malgré l'intérêt incontestable qui s'y attache, n'ont trouvé d'issue le plus souvent que dans de vaines protestations ou de stériles oppositions.

Leur influence n'a pu se faire jour légalement dans le jeu constitutionnel du pays, parce que, fait constant, leur représentation a toujours été en minorité dans les assemblées diverses successivement instituées.

C'est qu'en effet, pour la représentation du pays, nos institutions n'ont jamais tenu compte que du chiffre de la population; jamais de sa répartition sur le sol.

Dans cette disposition, les droits de l'homme sont consacrés, mais ceux des groupes où la nature le fait naître et vivre, ceux des êtres collectifs appelés communes, cantons, villes, campagnes, sont complétement méconnus. Leurs besoins les plus légitimes, leurs souffrances les plus réelles, sont à la merci de l'État.

Ces groupes ont des droits égaux, nul n'en doute chez nous; mais justement cette égalité n'est pas respectée, si leur part d'action politique légale n'est pas réglée d'après leur plus ou moins grande concentration.

Les groupes plus espacés, fournissent au suffrage universel sur la totalité du pays, plus de voix que les groupes plus agglomérés et la balance politique penche en faveur des premiers.

Pourquoi serait-ce un bien?

Autant l'esprit d'aventure s'accroît dans les centres par l'effet même de cette oppression légale, autant l'esprit conservateur du pays s'exagère, et les tendances éclairées y perdent tout ce que gagnent les passions extrêmes.

Cette infériorité forcée de la représentation des grands centres doit disparaître; il faut, pour assurer désormais la stabilité du Pays, chercher plus loin que ces majorités trompeuses qui n'expriment qu'une partie de ses intérêts, et où tant de gouvernements déjà sont venus se perdre. Il faut chercher aussi mieux que la force dont les solutions ne sont jamais que dilatoires, et qui d'ailleurs, on l'a vu, peut manquer tout à coup.

L'intérêt particulier des divers centres du pays est le seul qui, dans notre démocratie, puisse faire désormais contre-poids au grand intérêt national.

Leur accord seul, librement et publiquement débattu, selon des formes certaines, peut maintenir et faire briller de nouveau l'unité de notre patrie.

Nos provinces perdues ne pourront être revendiquées un jour, que si toutes les forces du Pays y poussent librement, que si enfin ces provinces elles-mêmes retrouvent, dans la France transformée et prospère, l'équitable satisfaction de leurs intérêts propres.

C'est vers la constitution définitive du pays, le pas décisif à faire par une politique assez sage pour prévoir les revendications légitimes et prochaines, car il n'y a qu'un pas de la libre administration intérieure dont on entend désormais laisser jouir chaque groupe, à la réclamation de leur part naturelle d'influence extérieure.

VI.

Ce serait tomber dans une injustice contraire que de diminuer dans l'Assemblée nationale, par une combinaison quelconque au profit des centres, l'influence des populations plus dispersées. Ce serait aussi méconnaître, en annulant le rôle du droit Individuel, l'unité et la souveraineté nationale dont l'Assemblée élue directement doit rester l'image.

Le suffrage universel direct, dernière consécration donnée par la Révolution à l'égalité de tous, est devenu la loi du pays. Il ne faut songer ni à le rejeter, ni à le fausser à son profit. Il faut seulement reconnaître qu'il a deux expressions d'égale importance, l'Individu et la Commune, et que jusqu'ici il n'a été interrogé que suivant une seule; ce sont comme les deux bras par lesquels il doit soutenir l'édifice politique, et jusqu'ici, on ne s'est servi de l'un de ces bras que pour lier l'autre au corps; on sait quel pauvre équilibre en est résulté!

Pour rendre l'influence politique légale aux grands centres (mais non quand même la supériorité), pour rétablir, sans la renverser, la balance politique à notre insu faussée, il suffit d'assurer aux groupes divers une représentation qui ait place et droits reconnus, dans l'État, à côté de l'Assemblée nationale.

A la base des divisions nouvelles tracées par la Révolution existe partout la Commune. Ce nom, partout ailleurs qu'à Paris, est légal et n'excite point de colères.

Le droit de la Commune à la libre gestion des intérêts tout particuliers à son terroir, personne ne le nie aujourd'hui. Tous rejettent pour elle, à ce point de vue, la tutelle du gouvernement central.

Mais l'accord cesse s'il s'agit des rapports extérieurs de la Commune avec l'État; le maire non élu, le sous-préfet, le préfet sont les agents de ces rapports si importants pour l'harmonie générale du pays; c'est-à-dire qu'il n'existe entre l'État d'une part, et de l'autre la Commune, le canton, le département, qu'un lien de sujétion. Il n'y a point liberté, ou mieux, soumission consentie et débattue de la part des derniers. Ils ne formulent point de vote, mais des vœux funestement sollicités quelque fois, souvent aussi dédaignés, jamais permis que selon la convenance du jour.

Ce sont ces rapports de sujétion qu'il faut modifier.

Il faut que les représentants du pouvoir central le deviennent aussi des conseils locaux, soient aussi leurs agents exécutifs et, par conséquent, soient au moins agréés par eux.

Il faut remplacer les vœux, signes d'esclavage, par le droit de vote, et faire exercer ce droit de vote par une députation formée selon la hiérarchie naturelle des groupes qui ont la Commune pour Base.

La Commune (point de naissance de l'État) doit obtenir, directe et proportionnelle à sa propre importance, une influence dans l'administration du groupe immédiatement supérieur qui la contient.

Au conseil communal lui-même, les populations agglomérées que la Commune peut contenir doivent être plus fortement représentées que celles disséminées.

Si une commune contient ville, bourgs, hameaux, il faut que dans son conseil communal les représentants de la ville, du bourg, soient proportionnellement plus nombreux que ceux du hameau.

Cette loi observée dans chaque commune, il faut que le nombre des conseillers communaux soit proportionnel au nombre des électeurs. Si de deux communes, l'une possède un nombre d'électeurs double de celui de l'autre, le nombre des membres de son conseil communal doit être double.

Puis, chaque conseil communal doit députer au conseil d'arrondissement une représentation choisie dans son sein, et proportionnelle aussi au nombre de ses membres. Le conseil d'arrondissement députera de même au conseil général.

Enfin, le conseil général ainsi formé, doit députer, suivant la même loi, à un grand Conseil général, qui peut recevoir à bon droit le nom de Chambre des communes ou Chambre des conseils généraux, et constituera *la véritable seconde Chambre française.*

Cette seconde Chambre sera la représentation naturelle de la population française, au regard de sa répartition sur le territoire.

Par sa loi de formation elle sera la haute et nécessaire délégation des intérêts qui ont pour point de départ la Commune, c'est-à-dire le premier être collectif vivant, placé entre l'individu et l'État.

Si, pour former cette haute représentation des communes, il se trouve dans les divisions actuelles du territoire des groupements défectueux, des affinités méconnues, qu'on laisse le débat s'en faire légalement, librement, dans les conseils locaux. Le remaniement, la rectification se feront d'eux-mêmes, mieux que par n'importe quelle commission centrale ; l'Assemblée nationale d'ailleurs doit garder son droit d'homologation.

Il importe d'observer que la même loi soit suivie dans la formation du conseil communal des villes dépassant certains chiffres de population. Il est évident que, chez elle se reproduit le phénomène qui nous frappe dans l'ensemble du pays ; les populations plus denses y doivent être plus représentées, que les populations égales, mais plus espacées.

La base communale de la députation à la seconde chambre doit, dans le département de la Seine, par exemple, être cherchée plus bas que Paris tout entier disposé en un seul collége.

Il importe que là, comme partout dans le pays, pour l'accession à la haute chambre, les deux lois suivantes soient observées ; 1° l'élection à degrés multiple ; 2° la représentation des populations proportionnelle à leur densité.

VII.

Sans aucun doute, et c'est du reste précisément le but à atteindre, la majorité dans la Chambre des Communes ainsi formée, aura d'autres tendances que la majorité de l'Assemblée nationale, telle que la loi de formation de celle-ci et une expérience déjà répétée en témoignent.

Mais à la hauteur d'une Assemblée, dont les personnalités auront été soumises à une multiple élection, et au grand jour de la discussion publique, ces tendances ne pourront qu'être bien loin des brutales prétentions auxquelles nous assistons aujourd'hui à la suite d'élections surprises, ordonnées sans droit, réparties sans équité ni sincérité, triste parodie du droit de suffrage.

3

Elue dans la proportion seule du chiffre de la population française, sans égard à sa répartition sur le sol, l'Assemblée nationale continuera à exprimer la souveraineté du pays dans toute son étendue légitime, c'est-à-dire la France dans son unité, sa centralisation utile, dans les droits de l'homme qu'elle a proclamés, comme dans tous ses intérêts généraux et supérieurs, à soutenir vis-à-vis des autres nations comme de ses propres enfants.

Mais à côté de ces hauts intérêts que l'Assemblée nationale gouvernera, la Chambre des Communes exprimera une seconde série non moins existante des intérêts français, c'est-à-dire les intérêts particuliers des divers groupes du territoire.

De l'issue ainsi ouverte aux tendances généralement plus hardies des centres, à côté de l'esprit conservateur général de la nation, il ne peut sortir, par le jeu constitutionnel ordinaire entre deux Assemblées, que l'établissement définitif de notre liberté politique. Que de questions reculent alors à leur place véritable, et reçoivent leur solution naturelle d'une discussion où chaque tendance se produit et parle avec une autorité égale !

Deux Assemblées élaborent les lois, l'une gardienne des intérêts généraux et traditionnels, l'autre gardienne naturelle et régulatrice des intérêts et des libertés intermédiaires, sans lesquelles il n'y a ni stabilité, ni sécurité possibles.

L'une, reflet du pays dans tous ses intérêts conservateurs, l'autre, reflétant davantage les intérêts plus pressants, plus ardents des grands Centres.

Toutes deux initiant enfin le pays à la légale discussion de tous ses intérêts, dont ne pouvaient en vérité prétendre être l'expression intégrale ou naturelle les assemblées diverses, instituées depuis quatre-vingts ans.

Les prérogatives des deux chambres, la solution de leurs conflits possibles, se déterminent par la seule inspection des intérêts que chacune représente.

La prédominance finale de l'Assemblée issue directement du suffrage universel, n'est pas contestable ; aujourd'hui, en cette crise, c'est le seul pouvoir reconnu de la Nation, comme de l'étranger, même de l'ennemi vainqueur ; quelle plus grande démonstration pourrait être faite que c'est bien là, la plus haute représentation de la France ?

Ce qu'elle est à cette heure si grave, l'Assemblée nationale le restera dans le sentiment de tous ; ni restauration monarchique qu'elle même consentirait, ni pronunciamentos militaires ou civils ne diminueront son importance capitale dans la Constitution du pays. Expression suprême de la France, seule et véritable héritière en cela de la Monarchie, elle doit garder son mode actuel d'élection sous peine de déchoir de son rang, de changer sa propre signification.

Le chiffre de la population partagée en collèges électoraux égaux par la nombre, doit être sa base sans autre considération.

Le nombre de ses membres peut être utilement réduit.

Le scrutin de liste doit être sa loi, précisément pour échapper aux influences locales qui prédomineront dans la chambre des communes ; mais ce scrutin doit être recueilli par circonscriptions telles qu'il y soit pratiquement possible.

Son renouvellement doit être partiel et périodique, autant pour éviter des crises inutiles, que pour exprimer la suite et l'unité du caractère national.

A l'Assemblée comme à la Chambre des Communes doivent appartenir également, en toute liberté et dans toute. leur étendue, la discussion politique et l'initiative ; mais de l'accord seul de ces deux Chambres doit sortir la légalité.

Que le pouvoir exécutif, éligible périodiquement ou non, soit choisi par toutes les deux, réunies et confondues pour cette solennité en une seule assemblée.

Selon les formes et délais fixés d'avance, qu'à l'Assemblée nationale appartienne toujours la dernière résolution, mais qu'au besoin aussi, après ce dernier. mot et dans un délai convenu, la Chambre des communes, unie au Pouvoir exécutif, puisse, si elle le juge nécessaire, respectueusement obliger l'Assemblée nationale à se soumettre à une élection générale : Secousse légale, nécessaire peut-être à donner quelquefois au pays, ressource des heures graves, dont l'emploi sera d'autant plus salutaire, que, par la force même d'institutions où le sage renouvellement de tous les pouvoirs est assuré, il y sera plus rarement recouru.

Réélue dans son ensemble, l'Assemblée nationale prononce alors sans appel nouveau possible.

Tout le cercle imaginable d'une discussion légale est ainsi parcouru. La souveraineté nationale juge en dernier ressort, mais après avoir reçu tout ce que peut lui donner d'avertissements une seconde forme d'elle-même, sa seconde conscience en quelque sorte, c'est-à-dire une représentation légitime de tous les groupes naturels qu'elle contient.

VIII.

J'ai dit : *La seconde Chambre française…* c'est que l'histoire enseigne qu'une seule Assemblée n'a jamais pu être la forme constitutionnelle d'aucun peuple ; que l'ordre politique de tous a péri du jour où les intérêts naturels, qui s'étaient disputé la conduite de l'État, ont cessé de se faire équilibre pour faire place à la suprématie de l'un d'eux.

Tout pouvoir sans contre-poids est fatalement condamné à son infatuation et par cela même à sa perte finale.

En France, dominé par le sentiment de l'égalité, par le souvenir aussi de vaines expériences, enfin par le respect d'une assemblée qui semble la dernière ressource du pays, cédant encore à d'incomplètes et fausses théories républicaines, chacun n'ose dire peut-être, mais sent néanmoins qu'une seule Assemblée peut devenir facilement l'arène où les intérêts sérieux de tous genres lutteront trop souvent avec les partis politiques creux, les vaines théories de Monarchie et de République, pour n'aboutir qu'aux solutions dictées par le caprice, le préjugé ou la peur de majorités sans contrôle.

Une seule assemblée périodiquement renouvelée tout entière, peut être l'instabilité ruineuse, ou, danger non moins grand, marcher sans frein vers les mirages trompeurs d'un passé impossible à faire revivre ou d'un avenir illusoire.

Si au sommet où s'élaborent les lois et les résolutions suprêmes aucun appel légal ne peut être fait d'une majorité constamment formée de même, peut-on compter toujours sur la soumission docile de minorités puissantes? Hélas! les événements nous répondent.

Croira-t-on sortir d'embarras et fixer à toujours la constitution nationale, si, comme d'aucuns le désirent, on pose au suffrage populaire une question théorique qu'il ne peut réellement ni comprendre ni résoudre? Ira-t-on renouveler, au profit de nous ne savons aujourd'hui quelle intrigue, les plébiscites de l'empire, si sévèrement jugés par l'opinion éclairée, avant d'avoir été condamnés par les faits?

En 1848, par une foi naïve en l'intuition du peuple, guidés aussi par cet axiôme que nul n'apprend qu'à ses dépens, les politiques d'alors, Lamartine à leur tête, laissèrent au suffrage universel le choix direct du chef du pouvoir exécutif. N'était-ce pas surtout, parce que, de toutes les têtes fortes de la nation réunies, aucune ne se sentait, sans une solennelle investiture, la puissance de dominer sans trouble la Constitution embryonnaire de la République, réduite à une Assemblée unique. Quelle preuve des difficultés d'une telle tâche n'avons-nous pas sous les yeux depuis deux mois!

Cette assemblée unique résultait alors pour tous, tant de l'égalité définitivement consommée, que de la centralisation politique absolue, que personne alors ne révoquait en doute. Mais on sentait bien aussi qu'une telle assemblée, c'était l'inconnu, et à côté d'elle on voulait mettre un contre-poids puissant en faisant élire la Présidence directement au suffrage universel.

On sait ce qui est arrivé.

Aujourd'hui cette expérience ne sera pas renouvelée; chacun comprend que le suffrage universel direct est incompétent pour un pareil choix, où le candidat doit des preuves de probité et d'expérience politique, preuves dont la majorité des électeurs de 1848 ne s'est guère souciée; chacun sent que, pour une telle élection, le suffrage universel direct, placé trop loin des candidats, sera toujours naïf ou enthousiaste, et si aucun nom ne vient à être offert à sa naïveté ou à son enthousiasme, le résultat sera nul ou sans autorité suffisante.

Si le contre-poids cherché en 1848 dans la Présidence manque aujourd'hui, irons-nous croire qu'il existe suffisamment dans le corps électoral? Mais l'Assemblée ne fait que le refléter.

Peut-il être dans l'institution monarchique, dans l'hérédité du pouvoir exécutif, mise en présence d'une assemblée unique? Il suffit de rappeler l'histoire à ceux, trop nombreux, qui l'oublient sans cesse.

Ce contre-poids ne peut peser efficacement que placé dans une seconde assemblée, mais dans une seconde assemblée qui reflète elle aussi une forme véritable, une seconde forme réelle des intérêts français; dans une chambre qui ne soit pas l'expression sans prestige d'une aristocratie qui n'existe plus à la vie politique, ou d'illustrations laissées sans règles certaines au seul choix d'un pouvoir quelconque.

IX.

Un tel établissement, dira-t-on, ne peut être décidé que par une Assemblée constituante. Vaine assertion! vaine question que celle de savoir si l'Assemblée nationale actuelle est, ou non, constituante.

Cette Assemblée est souveraine.

La loi librement discutée en 1848 a présidé à son élection. Les délais électoraux n'ont été abrégés ou nuls que par un cas de force majeure subie par tous les partis; l'étranger n'a exercé sa pression que pour hâter la convocation; le choix des hommes est resté complétement libre, même dans les départements qu'il projetait de s'annexer.

Les hommes d'arrière-pensée seuls peuvent contester cette souveraineté ou chercher à la restreindre.

Pourquoi, en se dissolvant sous prétexte qu'elle n'a pas reçu de mandat constituant, commettre une faute analogue à celle de l'Assemblée nationale de 1789, interdisant, par simple raison de sentiment, la réélection de ses membres?

Pourquoi, sous le prétexte de convoquer solennellement une assemblée constituante, jeter la nation dans une crise de discussions théoriques où les passions et les partis inutiles seuls trouveront leur compte?

Pourquoi ne pas reconnaître enfin cette vérité, que le pouvoir constituant échappe au corps électoral lui-même, et que par suite le mandat que celui-ci déléguerait est sans valeur sérieuse? Voulons-nous en faire la vingtième expérience?

Le temps seul fait les Constitutions.

Est-ce que toutes nos Constitutions depuis 1789, quel que fut leur auteur, quelle qu'ait été leur consécration, ne se sont pas trouvées être des huttes sur le sable, emportées à chaque tempête?

Le pouvoir constituant, mot presque creux, n'appartient à personne. Il n'appartient qu'au temps. Le mandat constituant peut-il donc exister?

Choisir une assemblée spécialement à l'effet de l'exercer est une opération illusoire; son œuvre n'est pas plus durable que celle de tout autre législateur, nous le savons tous.

Il se comprend qu'un pouvoir monarchique puisse concéder ou souscrire une charte.

Mais c'est méconnaître la nature des choses que de refuser au législateur indépendant et souverain.

le droit et le devoir de faire acte constituant suivant les besoins qui se révèlent à lui et l'assentiment qu'il rencontre dans l'opinion.

L'Assemblée nationale actuelle en votant une loi municipale générale pour toute la France, reconnaît ces principes, à moins qu'on ne prétende que la constitution d'un État se borne à l'établissement de l'hérédité ou de l'éligibilité du pouvoir exécutif !

Déjà le temps a posé la pierre angulaire de toute Constitution française : l'Assemblée nationale, l'assemblée unique actuelle d'où dépendent les destinées de notre pays.

A elle maintenant, dans sa liberté, de reconnaître les éléments qui lui sont nécessaires pour gouverner la nation, pour lui assurer enfin la sécurité à laquelle elle aspire. A l'Assemblée seule le soin et le devoir de déterminer les conditions de la liberté générale, de la discussion à tous les degrés, de la lutte légale de tous les intérêts, afin d'être elle-même toujours avertie des vœux et des tendances de toutes les parties du pays.

A elle de comprendre son rôle immense et sa propre portée, sans pour cela méconnaître la puissance des intérêts placés à côté d'elle et que sa constitution ne saurait lui permettre de résumer ou représenter efficacement.

A peine la guerre a-t-elle pris fin, qu'une sédition grave saisit l'Assemblée de la question des libertés communales, et cet éclat soudain ne peut étonner que les observateurs superficiels.

C'est le devoir de l'Assemblée, tout en réprimant les attaques qui menaçaient follement sa prépondérance, de sonder et de résoudre, dans toute son étendue, la question posée par les événements.

La sécession momentanée de Paris dépasse le but, mais dénonce sans doute possible le mal dont souffre le Pays.

A côté des intérêts généraux, ceux des Communes, dont Paris est la plus considérable, veulent être exprimés dans la Constitution nationale.

Avec Paris insurgé, prétendant à une souveraineté qui fait sourire, et qu'il serait le premier à dépouiller, si par impossible elle lui était reconnue, l'Assemblée ne peut ni ne doit traiter. Mais elle le doit, elle le peut sans manquer à sa mission avec une délégation générale de toutes les Communes françaises.

Alors, loin de laisser péricliter en ses mains les hauts intérêts dont elle a charge, elle les consolidera en faisant faire un progrès marqué à la Constitution du pays, et les deux hautes Assemblées couronneront mieux l'édifice selon les événements, que ne sauraient le faire tous les dictateurs et tous les corps électoraux de France.

Si, comme tous les hommes politiques le proclament, les questions de *décentralisation* (terme ordinaire, mais vague) sont les questions essentielles de notre patrie en ses épreuves actuelles, la liberté, la dignité de tous commandent de renoncer enfin au mode des *concessions gracieuses*, discrédité par les pouvoirs personnels et despotiques ; il faut aujourd'hui appeler les intéressés eux-mêmes à la discussion des droits qu'on veut leur reconnaître.

X.

Pourquoi l'établissement que nous demandons ne serait-il pas la suprême solution de la crise lamentable que la fin d'une guerre inouïe a ouverte pour notre pays ?

L'installation de cette seconde Chambre peut demander des semaines , des mois, sans aucun doute ; mais qui ne sent, aussitôt sa formation décidée, quelle saine activité politique s'ouvre au pays par des voies vastes et assurées ?

Quel homme public sérieux et de valeur, laissé en dehors de l'Assemblée par les élections générales, où l'on ne réussit guère encore dans l'état actuel d'éducation de notre pays que par une notoriété hors ligne, ou par les habiletés du scrutin de liste , quel homme de valeur, dis-je, ne pourra prétendre à la Chambre des communes ? Pour poser le pied sur le premier échelon, il lui suffira d'être élu par sa propre commune.

Quel apaisement définitif des conflits de la force peut sortir d'une lutte légale devant l'opinion ainsi proclamée ?

Avec non-seulement leur administration privée, mais aussi *l'influence politique* accordée aux municipes , la vie politique, de languissante ou morte qu'elle est en notre pays hors du sommet, d'ombrageuse et secrète qu'elle se traîne dans les couches inférieures, s'anime enfin et circule à tous les degrés de notre société.

Qui ne voit combien toutes ces questions d'actualités si lourdes aujourd'hui pour l'Assemblée nationale, échéances , loyers, organisations municipales, armée, magistrature, etc., seront bien plus pratiquement débattues et résolues, avec le concours d'une haute délégation des Communes, déduite des principes que nous avons formulés.

Jusqu'à sa réunion, l'Assemblée peut statuer provisoirement, et ménager ainsi les intérêts de tous.

Est-ce que l'établissement de cette deuxième Assemblée préjugerait la forme de transmission du pouvoir exécutif ? Question de faits ! question d'hommes ! plus encore que de liberté ! Monarchie ? ou République ? Les intérêts de la France, les intérêts de la liberté, ceux de l'Individu, ceux de la Commune resteront les mêmes.

Libre à ceux qui penseront encore que l'hérédité du pouvoir exécutif est une garantie de stabilité et de conservation quelconque dans notre pays, selon eux, jeune, ignorant, ou *pourri !* Libre à eux de faire prévaloir leur sentiment près des deux grands pouvoirs de l'État, tous deux issus de la souveraineté du peuple, tous deux représentant deux formes de la souveraineté nationale, l'une librement et pacifiquement subordonnée à l'autre.

Mais libre aussi à ceux qui pensent que l'hérédité ne fait qu'ajouter un intérêt de plus à sauvegarder avec grands risques, aux intérêts déjà si complexes et si nombreux de la nation; à ceux qui refusent de trouver désormais un prestige, une garantie quelconque dans aucune dynastie, de faire prévaloir l'éligibilité périodique, par nos assemblées, du pouvoir exécutif, c'est-à-dire de défendre la forme républicaine.

A cette hauteur, le débat sera vite résolu, ou singulièrement amoindri ; qu'importera à la Commune libre telle solution qu'il recevra ? Paris, à supposer qu'il fût vrai, ce qui n'est pas, qu'il soit en France le seul représentant du sentiment républicain, Paris, à coup sûr, n'élèvera pas un roi de Paris en face du roi de France, et sera satisfait autant qu'il peut l'être, sans se séparer de l'unité nationale, éventualité absurde à mettre en avant.

Dire que ces principes véritablement *constitutionnels républicains* sont mûrs dans les esprits, qu'ils puissent satisfaire les inconscients initiateurs qui croient devoir les noyer dans tant de folies et de crimes; dire aussi qu'ils satisferont ceux qui n'ont, des émigrés de la Révolution, que l'aveuglement et la légèreté, oh! nous ne le prétendons pas. Ce n'est que dans le lointain de l'antiquité qu'on représente la philosophie, réglant dans sa sagesse les mouvements des peuples et dominant les discordes civiles.

Mais ces principes doivent exister, ou pénétrer au cœur des hommes de liberté, et ils sont une partie de la vérité qu'il faut savoir confesser et affirmer dès qu'elle vous apparaît.

Qu'enfin, dans notre pays maître de lui-même, s'opère donc une Révolution pacifique! Hélas! nous ne pourrons plus déjà lui donner ce nom, maintenant qu'il faut avant tout faire tomber de nos mains des armes fratricides, que nous sûmes à peine tenir contre l'étranger.

Ramenons ceux qui ne sont qu'égarés et souffrants. Contenons ceux trop remplis de préjugés cruels. Soyons sans pitié contre les menteurs, les ambitieux sinistres.

Sans doute, bien des malheurs, bien du sang obscurcissent nos yeux, triste loi de ce monde ! Mais qu'à la contemplation de ces vérités naissantes, ceux qui se disent sages, s'inspirent.

Que là où la Souveraineté nationale doit reprendre un jour tant d'éclat (nos instincts secrets, la loi des revanches nous l'affirment), que dans Versailles, la passion reste contenue par un jugement vrai et élevé des choses. Que, sûr de la force et de la victoire, on y dédaigne les sévérités, les compressions inutiles.

Impassible en apparence, comme elle doit l'être devant les orages parisiens, comme la France elle-même, que l'Assemblée nationale, sous ce calme, ressente aussi compassion pour la glorieuse capitale égarée ! qu'elle suive des inspirations qui pacifieront Paris, comme toutes les grandes villes de la République !

La sécession folle ou la tyrannie de Paris, n'est pas la vraie tendance des combattants entraînés; leur rebellion sera vaincue avec les chefs coupables qui la fomentent.

Mais que séparant le bon grain de l'ivraie, l'Assemblée donne à la France les libertés communales compatibles avec son génie. Qu'elle installe à côté d'elle, au sommet de l'État, la représentation autorisée qui leur manque, elle aura apporté sa pierre à la construction du grand édifice, et glorieusement rempli sa première session, dont les premiers actes étaient forcément si douloureux.

Assez de larmes et de sang ont coulé. Épargnons ce qui peut en couler encore. Pour la pacification de notre malheureux pays, il ne nous en restait plus une goutte à verser, et nous en versons des flots!

Telles sont les idées qu'un invincible mouvement de conscience a fait exposer dans ces pages, comme la base d'une trève possible et bientôt d'une pacification réelle et durable.

L'application n'en peut être ni lente, ni lointaine, si les convictions s'y rallient.

Des mois ne sont rien dans la vie d'un peuple, quelque douloureux événements qui les marquent.

Mais que néanmoins les bons esprits, les patriotes se hâtent!

XI.

PÉTITION

A

L'ASSEMBLÉE · NATIONALE

———

Le 18 Avril 1871.

A Monsieur le Président de l'Assemblée nationale,
à Versailles.

Monsieur le Ppésident,

Le soussigné,

Persuadé que dans les malheurs publics, c'est le devoir du citoyen d'exprimer ce qu'il sent et croit utile ;

Prend la confiance de vous adresser la pétition présente.

Plaise à l'Assemblée nationale de :

1° Reconnaître

Qu'à supposer qu'il existe réellement un mandat constituant, sensiblement distinct du mandat législatif, c'est vainement et sans résultat durable ni pacificateur que ce mandat a été attribué soit à des Assemblées solennellement réunies à plusieurs reprises de notre histoire à l'effet de l'exercer, soit au Peuple lui-même directement consulté en ses comices au suffrage universel;

Qu'en conséquence, il n'y a pas lieu pour l'Assemblée nationale actuelle de s'arrêter à la question de savoir si le mandat qu'elle a reçu des électeurs comprend ou non le pouvoir constituant; d'autant moins qu'elle a pu s'affirmer et peut s'affirmer être absolument souveraine, comme le suffrage universel dont elle émane; qu'elle est reconnue comme telle tant par l'immense majorité des citoyens français, que par tous les États étrangers, étant apparue aux uns et aux autres dans la crise la plus pénible que la France ait subie depuis des siècles, comme sa seule et véritable représentation;

Déclarer

Qu'elle entend donc exercer ce pouvoir dans toute l'étendue dont les circonstances et le bien du pays lui démontreront la nécessité;

Qu'elle le reconnaît de même à toute Assemblée qui lui pourra succéder selon les lois;

Qu'enfin elle reconnaît non moins pleinement le droit de proposition constitutionnelle à toute Assemblée ou Chambre qu'elle pourrait venir à admettre à côté d'elle, et, conjointement avec elle, au partage du pouvoir législatif;

Voter

En application immédiate des principes et déclarations qui précèdent :

1° La loi de son propre renouvellement, lequel devra avoir lieu seulement par tiers de deux années en deux années, les deux premiers tiers à renouveler devant être désignés par le sort, sans aucune exclusion de rééligibilité;

Et ce, dans le but d'éviter au pays soit une immobilisation trop longue de la même Assemblée, soit des renouvellements totaux périodiques, qui redoutés des uns, ou impatiemment attendus des autres, se dénatureraient facilement en crises importantes et fâcheuses;

2° Une loi électorale rectifiant et complétant la loi qui a présidé à sa propre élection sur ces deux points principaux :

> (*a*) Que les circonscriptions électorales soient telles que le scrutin de liste y soit matériellement possible;

> (*b*) Que lesdites circonscriptions ne comprennent que des nombres assez égaux de votants, pour que le nombre des représentants soit rigoureusement proportionnel au chiffre total de la population française.

2° Reconnaître

Que les divers groupes de population répartis sur le territoire français et placés entre l'Individu et l'État ont été jusqu'ici, en France, non-seulement toujours tenus en tutelle au point de vue de leurs intérêts spéciaux, mais encore n'ont jamais été; que par le moyen de vœux ou d'adresses, accueillis selon le seul bon plaisir des pouvoirs existants, admis à concourir, en tant que groupes, aux résolutions d'intérêt général, comme à la formation de la Loi,

Tandis que leur libre assentiment recueilli suivant leur hiérarchie naturelle, apporterait évidemment un supplément de force ou un contre-poids utile au pouvoir central et unitaire dont l'Assemblée nationale est la haute représentation;

Que l'absence de ce libre concours vient de se faire cruellement sentir dans les malheurs qui ont affligé la patrie, tant par la précipitation avec laquelle fut décidée la guerre, sur le seul avis conforme d'Assemblées insuffisantes expressions du pays, que par le désarroi où se trouva forcément, après l'investissement de la capitale, le pays pourvu seulement de pouvoirs tout locaux;

Que précisément ce libre concours devient désirable, tant pour la répartition des charges encourues par la guerre que pour la préparation d'un avenir meilleur;

Qu'il est de l'essence même de la liberté, que tous les intérêts existant dans la nation concourent, par un débat libre et public, à la confection des lois;

Déclarer

Qu'il y a lieu de combler dès aujourd'hui cette lacune évidente des institutions françaises et, en conséquence :

Voter

L'établissement immédiat d'une seconde chambre française, dite Chambre des Communes, dont la loi d'élection à intervenir découlera des principes suivants :

Chaque commune de France élit un Conseil communal dont le nombre des membres est proportionnel au nombre d'électeurs de la commune.

Chaque Conseil communal députe au Conseil d'arrondissement, un nombre de ses membres proportionnel au nombre des membres qui le composent.

Chaque Conseil d'arrondissement dé, ute une partie de ses membres au Conseil général, suivant la même loi.

Enfin, chaque Conseil général députe de même à la Chambre haute des Communes.

Les Communes au delà d'un certain chiffre de population devront suivre, dans la formation de leur représentation propre : ce principe que les divers groupes y doivent être exprimés eu égard surtout à leur répartition.

3° Reconnaître, déclarer et voter

1° Qu'aussitôt que la Chambre des Communes ainsi formée se trouvera constituée et installée, le pouvoir législatif, l'initiative des lois, la réception des pétitions appartiendront aux deux assemblées, toute loi devant être soumise à chacune d'elles;

2° Qu'en cas de non-conformité de vote des deux assemblées sur une loi proposée, la promulgation par le pouvoir exécutif pourra avoir lieu dans des délais fixés, après un second vote favorable au projet de loi, délibéré par l'Assemblée nationale après certains délais;

3° Mais que, avant l'expiration du délai fixé pour la promulgation après ce nouveau vote, la Chambre des Communes, munie de l'avis conforme du chef du pouvoir exécutif, pourra faire parvenir à l'Assemblée nationale, déclaration respectueuse qu'il y a lieu de procéder à des élections générales;

4° Laquelle déclaration reçue, l'Assemblée nationale prononcerait sa propre dissolution dans un délai de......... pour les élections générales de son renouvellement avoir lieu également en deçà d'un délai ne pouvant excéder...........

5° La décision de l'Assemblée nouvelle sur le projet en litige aura son plein effet, sera sans appel.

4° Décider

Que jusqu'à la constitution et l'installation de cette deuxième chambre, dite haute Chambre des communes de France, il sera pourvu provisoirement par elle seule, aux lois particulières d'intérêts évidemment variables suivant les lieux tels que lois sur loyers, échéances, questions municipales etc., etc., pour la solution définitive être réglée avec le concours et le vote de la Chambre ci-dessus convoquée.

A provoquer la haute décision sollicitée par cette pétition, le soussigné invite tous les citoyens français, qui, à l'horreur de la guerre civile, joignent le désir ardent de voir enfin leur patrie aussi calme et prospère que libre.

Et vous prie

Monsieur le Président,

d'agréer l'expression de la profonde considération avec laquelle il se dit Votre très-humble et très-obéissant serviteur.

Paris. — Imp. Paul Dupont, 41, rue J.-J.-Rousseau (hôtel des Fermes) — 1022.4.71

www.ingramcontent.com/pod-product-compliance
Lightning Source LLC
Chambersburg PA
CBHW071415030726
47594CB00006B/2471